दिनेश-दोहावली

डॉ. दिनेश चन्द्र अवस्थी

डायमंड बुक्स

www.diamondbook.in

प्रकाशक : डायमंड पॉकेट बुक्स (प्रा.) लि.
X-30, ओखला इंडस्ट्रियल एरिया, फेज-II
नई दिल्ली-110020
फोन : 011-40712200
ई-मेल : sales@dpb.in
वेबसाइट : www.diamondbook.in
संस्करण : 2023

Dinesh Dohavali

by Dr. Dinesh Chandra Awasthi

पिताश्री

स्व. अवध बिहारी लाल अवस्थी (दद्दा) स्वतंत्रता संग्राम सेनानी जो नेताजी सुभाष चंद्र बोस के साथ अलीपुर सेंट्रल जेल, कोलकाता में रहे एवं बरहमपुर स्पेशल जेल, जिला मुर्शिदाबाद (पश्चिम बंगाल) में 53 दिन का अनशन किया।

जन्म–स्थान ग्राम व पो. : मोतीपुर जिलाः लखीमपुर–खीरी उत्तर प्रदेश जन्मतिथि : 4 जनवरी, 1904 पुण्यतिथि : 17 जनवरी, 1989

माताश्री

स्व. विद्यावती जिन्होंने मुझे ईमानदारी का पाठ पढ़ाया और मैं 42 वर्ष से अधिक की सरकारी नौकरी में रिश्वत और कमीशन की बुराई से दूर रहा।

जन्म–स्थान मो. : मिश्राना शहर : लखीमपुर–खीरी उत्तर प्रदेश जन्मतिथि : जनवरी, 1915 पुण्यतिथि : 7 फरवरी, 1989

श्री चरणों में सादर समर्पित

आत्मकथ्य

दोहा अर्धसम मात्रिक छंद है और साहित्य–क्षेत्र में अत्यंत लोकप्रिय है। दोहे की रचना आसान है परन्तु इतने छोटे से और स्वतंत्र छंद में भावों–विचारों को पिरोना थोड़ा कठिन कार्य है। मुझे दोहा छंद अत्यंत प्रिय है और मैं काफ़ी समय से दोहे लिख रहा हूँ। मुझे यह महसूस होता रहा कि मैं अभी इससे अच्छा लिख सकता हूँ, यही एहसास मुझे दिनेश–दोहावली तक खींच लाया जो आपके हाथों में है। पुस्तक में ख़ाली स्थानों पर कुंडलिया छंद एवं एक गीतिका भी दी गई है।

आजकल वाट्सएप, फेसबुक, ट्विटर आदि का बोलबाला है जिससे मैं भी नहीं बच पाया। कभी–कभी वाट्सएप में ऐसी अच्छी बातें आ जाती हैं जो मुझे भी प्रभावित करती हैं। मैंने कभी–कभी उन वाक्यों का प्रयोग अपने दोहों में भी किया है।

हिंदी साहित्य–क्षेत्र में गुरु–शिष्य की परम्परा नहीं है जिसके कारण बहुत सा ऐसा साहित्य छप रहा है जिसे स्तरीय नहीं कहा जा सकता। मेरा मत है कि उर्दू साहित्य की भाँति हिंदी में भी गुरु–शिष्य की परम्परा होनी चाहिए। यदि कोई गुरु न हो तो आपस में मित्रों से परामर्श करके रचना को अंतिम रूप देना चाहिए। मैंने पुस्तक के बहुत से दोहों को, अपने अनुज, एक अच्छे कवि, मेरे सहयोगी राज्य कर्मचारी साहित्य संस्थान, उ. प्र. के कोषाध्यक्ष श्री हरी प्रकाश 'हरि' के परामर्श से, अंतिम रूप दिया है। पुस्तक के लिए दोहों के चयन के लिए मैंने अपने भाई समान कवि मित्र श्री कमलेश मौर्य 'मृदु', श्री राजेन्द्र कुमार शुक्ल 'राज' एवं श्री हौसला प्रसाद त्रिपाठी 'कुमार तरल' जी से परामर्श लिया है। इसके अतिरिक्त पुस्तक के नामकरण में कुमार तरल जी, मृदु जी एवं राज्य साहित्य संस्थान की संगठन मंत्री डॉ. रश्मिशील जी ने बहुमूल्य परामर्श दिया है। मैं इन सबके प्रति अपना हार्दिक आभार प्रकट करता हूँ।

मुझे राज्य कर्मचारी साहित्य संस्थान, उ. प्र. से बहुत प्रेरणा मिलती रहती है जिसके लिए मैं संस्थान के अध्यक्ष परम आदरणीय श्री आलोक रंजन, से. नि. मुख्य सचिव, उ. प्र. शासन, संस्थान के पूर्व अध्यक्ष डॉ. हरिओम, प्रमुख सचिव, समाज कल्याण विभाग, उ. प्र. शासन, वरिष्ठ उपाध्यक्ष डॉ. रवि शंकर पाण्डेय, उपाध्यक्ष डॉ. शोभा दीक्षित 'भावना', डॉ. उमेश चन्द्र वर्मा 'आदित्य', वरिष्ठ साहित्यकार डॉ.

रश्मिशील, श्री सुनील कुमार वाजपेयी, श्री विजय प्रसाद त्रिपाठी, श्री नरेंद्र भूषण, श्री अनंत प्रकाश तिवारी, श्री घनानंद पाण्डेय, श्री गिरिजा शंकर दुबे 'गिरिजेश', श्री मानस मुकुल त्रिपाठी, श्रीमती सीमा गुप्ता, श्री सुशील चन्द्र श्रीवास्तव, श्री केवल प्रसाद 'सत्यम', श्रीमती रेनू वर्मा एवं श्री विपुल मिश्रा जी आदि सभी के प्रति अपना आभार प्रकट करता हूँ। वरिष्ठ साहित्यकार, समाजसेवी एवं भारतीय प्रशासनिक सेवा के सेवानिवृत्त अधिकारी, सम्प्रति सुशांत विश्वविद्यालय, गुरुग्राम के कुलाधिपति श्री जयशंकर मिश्र जी से मुझे मार्गदर्शन प्राप्त होता रहता है, मैं उनको हृदय से नमन करता हूँ।

मेरी पत्नी श्रीमती पुष्पा अवस्थी, मेरी पुत्री श्रीमती कल्पना अवस्थी (उप निबंधक, पंजीकरण), मेरे दामाद श्री आशुतोष चतुर्वेदी (मुख्य कोषाधिकारी), मेरे पुत्रगण डॉ. विवेक प्रभाकर (आईआईटियन, अमेरिका), श्री कनक प्रभाकर (कैप्टेन, मर्चेंटनेवी), मेरा प्रिय नाती देवेश कुमार एवं मेरे भाई श्री नरेश चन्द्र अवस्थी आदि सभी लोग हमारा बहुत ध्यान रखते हैं, इस कारण मेरे लिए थोड़ा सा लिखना संभव हो पाता है। मेरी पत्नी मेरी कविताओं के संबंध में परामर्श भी देती रहती हैं। श्री राजीव कुमार सोनी मेरे पुत्र के समान हैं। इन्होंने पुस्तक का कवर पृष्ठ बनाया है एवं अन्य मामलों में भी मेरी सहायता की है, इसके लिए मैं इनका आभार प्रकट करता हूँ।

आशा है कि यह पुस्तक पाठकों को रुचिकर लगेगी एवं सबका आशीष प्राप्त होगा।

दिनांक : 6 अक्टूबर, 2022

–डॉ. दिनेश चन्द्र अवस्थी
महामंत्री
राज्य कर्मचारी साहित्य संस्थान, उ.प्र.
मकान संख्या बी 4/26, विजयंत खण्ड,
गोमती नगर, लखनऊ–226010
चलभाष– 7985271239

विषय-सूची

परिवार

मेरी माँ थीं पढ़ी पर, गिनती में थीं दीन।
रोटी देतीं पाँच पर, गिनती थीं वे तीन।

माँ जब लिखिए तो लगे, एक चन्द्र, इक विन्दु।
लेटा बच्चा विन्दु है, माँ की गोदी इन्दु।

मन्दिर माँ के अंग सब, गोदी चारों धाम।
मातु–चरण हैं स्वर्ग सम, माँ को कोटि प्रणाम।

हम सब डूबे कर्ज में, पाये जो न उतार।
यह ऋण माँ का प्यार है, रहता सदा उधार।

गइया–मइया एक सी, दोनों दूध पिलायँ।
रोटी को तरसें यही, जब बूढ़ी हो जायँ।

वे बोलीं कैसी लगूँ, मैंने कहा हसीन।
तेरी जैसी मन करे, ले आऊँ दो–तीन।

पति है टायर की तरह, पत्नी होती ट्यूब।
जब दोनों ही ठीक हों, चले साइकिल ख़ूब।

मेरे खाने में कभी, निकला करता बाल।
क़ायम रखतीं इस तरह, वे अपना इक़बाल।

पत्नी है अर्द्धांगिनी, बिन पत्नी सब सून।
पत्नी बिना न मन लगे, घर या देहरादून।

पत्नी दुर्गा बनेगी, अगर बनोगे शेर।
नारायण बनकर रहो, वे दाबेंगी पैर।

पत्नी ने मुझसे कहा, लेकर मेरा हाथ।
भले एक से दो सदा, भले गधा हो साथ।

सिटी वेटिकन मानिए, अपने घर को आप।
पत्नी घर की पोप है, ये मानो चुपचाप।

पर पत्नी अच्छी लगे, क्योंकि पड़े ना संग।
सज कर आती सामने, करती कभी न तंग।

रहना है जब साथ में, करें परस्पर प्यार।
बात–बात में लड़े तो, जीवन होगा भार।

पत्नी–हेल्मेट की प्रकृति, होती एक समान।
जब सिर पर धारण करो, तभी सुरक्षित जान।

अपनी पत्नी से जिन्हें, होता दिल से प्यार।
बर्तन धोने से कभी, ना करते इन्कार।

है जीवन शादीशुदा, ज्यों सुंदर कश्मीर।
बना रहे आतंक पर, सुख की बहे समीर।

दिल औ' पत्नी लेफ़्ट पर, राइट इनकी राय।
इनकी जो भी मानता, बैठ चैन से खाय।

घड़ी–सूइयाँ जिस तरह, वैसा हो परिवार।
कोई धीमी तेज़ हो, कभी न हो तक़रार।

स्त्री–मिस्त्री से कभी, करना नहीं विवाद।
इनका फिरे दिमाग़ तो, कर दें घर बर्बाद।

मिर्ची जैसा मर्द है, तीक्ष्ण–तेज़–तर्रार।
पत्नी तेज़ी कम करे, उसका डाल अचार।

जिसके आये काम जो, उससे ही हो प्यार।
बूढ़े की बुढ़िया भली, छोरी हैं बेकार।

प्रेम ब्याह के बाद क्यों, कम हो जाता प्यार।
इम्तहान के बाद ज्यों, पढ़ना लगता भार।

ज़र–ज़मीन हित लड़ें सब, या कुछ हो जब स्वार्थ।
पति–पत्नी केवल लड़ें, बिना वजह, निस्स्वार्थ।

पत्नी देती है अधिक, पर लेती है अल्प।
पत्नी को ख़ुश रखोगे, ले लो ये संकल्प।

पत्नी से घर बने औ', पति से बने मकान।
गृह–मंदिर माँ–बाप से, बच्चों से उद्यान।

पत्नी हक़ अपना कहे, माँ समझे जागीर।
हुए ब्याह के बाद हम, जैसे है कश्मीर।

पत्नी ख़ुश होती तभी, पति को लेय नचाय।
पति नाचे ना अगर तो, लेती गाल फुलाय।

पत्नी नमक समान है, जीवन है ज्यों दाल।
दाल बेमज़ा नमक बिन, खाना होय मुहाल।

गुरू आख़िरी पुरुष की, उसकी पत्नी होय।
नये पढ़ाती पाठ वह, पाठ पुराने धोय।

हर पत्नी है चाहती, अपना अलग निवास।
साथ रहें सब, वह कहे, जब बन जाती सास।

भारतीय पत्नीयों में, प्रेम–समर्पण–त्याग।
पति से पहले मृत्यु को, वे समझें बड़भाग।

विश्व–सुंदरी वही जो, बने गले का हार।
तन सुंदर बेकार वह, जिससे मिले न प्यार।

एक शब्द की तरह मैं, तुम हो इसके अर्थ।
इक दूजे के बिना हैं, हम दोनों ही व्यर्थ।

जो अपनी अच्छी वही, गाँठ बाँध लो बात।
चीज़ छुओगे ग़ैर की, ज़ोर पड़ेगी लात।

घर है सभा विधान सा, मैं हूँ सत्ता पक्ष।
पत्नी रहे विरोध में, ज्यों नेता प्रतिपक्ष।

स्त्री को प्रभु ने रचा, ख़ूब लगाकर ध्यान।
पुरुष बनाने में लगा, बचा–खुचा सामान।

तुम कागज़ मैं क़लम हूँ, औ' स्याही है प्यार।
प्रेम–ग्रन्थ रचना हमें, जिसे पढ़े संसार।

मेरा दिल चलभाष सा, वे हैं सिम अनमोल।
सिम में जब पैसे पड़ें, तभी निकलते बोल।

अच्छे पति–पत्नीयों का, जग में बहुत अभाव।
जो भी मिला है आपको, उसको गले लगाव।

गूँगा भी भाषण करे, जब दे शक्ति शराब।
भाषण बदले मौन में, पत्नी का रोआब।

झगड़ा हो इनके लिए, ज़र, जोरू व ज़मीन।
नर की क़ीमत कुछ नहीं, कर लें आप यक़ीन।

पत्नी मरहम की तरह, होती है हमदर्द।
पति के लगते ही गले, हर लेती दुख–दर्द।

नारी सब्जी की तरह, जिसमें है अति स्वाद।
सूखी रोटी सा पुरुष, बिन सब्जी बेस्वाद।

जो पत्नी से बहस में, पति जाते हैं जीत।
तो ये समझो है उन्हें, पत्नी से कम प्रीत।

सभी पिता की हैं परी, उड़ा करें दिन–रात।
पति की प्यारी हों अगर, तब तो है कुछ बात।

बंद रखें पति मुँह सदा, खुली रखें निज पर्स।
शांति बनी घर में रहे, कभी न हो संघर्ष।

जैसे पहिया–पायडिल, वैसे जिह्वा–हाथ।
जब भी उनके कर चलें, जिह्वा चलती साथ।

पत्नी तन–मन सौंपती, एक भरोसा ब्याह।
पति सौंपे घर–द्वार सब, बिना किए परवाह।

भीतर शब्द विवाह के, छिपी हुई है वाह।
औ' विवाह में छिपी है, जीवन में जो आह।

पत्नी–सर्विस एक सी, उसे न सकते छोड़।
तभी दूसरी मिलेगी, पहली ले मुँह मोड़।

औरत होना है नहीं, इतना भी आसान।
पड़े बनाना हृदय को, ख़्वाबों का शमशान।

लड़की सीधी हो अगर, वह कहलाती गाय।
लड़का सीधा दिखे तो, वह गदहा कहलाय।

स्त्री है ना ब्रेल लिपि, मत करिए स्पर्श।
वह भाषा संकेत की, मन से पढ़ें सहर्ष।

सात वार सप्ताह में, अष्टम है परिवार।
ठीक रहे परिवार यदि, ठीक रहें सब वार।

पत्नी होती शुगर फ्री, करे नहीं नुकसान।
काढ़े सी कड़वी मगर, करती कष्ट निदान।

सिक्के देकर मौन के, लिया खरीद सुकून।
पत्नी बड़बड़ करे, मैं, नहीं जलाता ख़ून।

जब उनका मन चाहता, लेतीं उठा पहाड़।
वही काम मैं कहूँ तो, तिनका लगे पहाड़।

पत्नी जो ना मानती, अपने पति की बात।
बच्चे उसके ही उसे, बतलाते औकात।

'मैन' छिपा, 'ऊमैन' में, औ' 'फिमेल' में 'मेल'।
'शी' में भी 'ही' छिपा है, नर की मूल फिमेल।

पत्नी की तनख़्वाह है, मान–प्रशंसा–प्यार।
जो यह भी ना दे सके, उसको है धिक्कार।

मैं हूँ माचिस की तरह, वे फुलझड़ी समान।
हम दोनों मिल जायँ जब, तब खिलती मुस्कान।

घर चलता दो पैर पर, पति–पत्नी दो पैर।
एक पैर में पोलियो, फिर कैसे हो सैर।

शुरू–शुरू अच्छी लगे, शादी औ' बरसात।
फिर तो किच–किच हो शुरू, अनुभव की है बात।

मैंने पत्नी के लिए, सारे ग़म, सब दर्द।
वे बे–ग़म बन गईं मैं, बिना दर्द का मर्द।

सफ़र हवाई ब्याह है, सफ़र कार का प्यार।
यात्रा बीच जहाज से, उतर न सके सवार।

गिन–गिन कर रोटी सिकें, पाये श्वान न गाय।
मुझको हरदम डर लगे, अतिथि न घर आ जाय।

उस घर में कैसे खिलें, हँसी–ख़ुशी के फूल।
जिस घर में खोजें सभी, इक दूजे की भूल।

दस्तक दिल के द्वार हो, तुरत न देना खोल।
दस्तक देकर लोग कुछ, हो जाते हैं गोल।

बच्चे प्यारे प्राण सम, माँ लेती है पाल।
पर बच्चों को एक माँ, लगती बड़ा बवाल।

माँ सम बेसिक फोन हैं, सब आते हैं पास।
पत्नी मोबाइल सदृश, सबकी अपने पास।

दुख अपने करिए जमा, माँ है बैंक समान।
क्रेडिट कार्ड पिता सभी, पूर्ण करें अरमान।

भाव भरा हर रोम में, श्वास–श्वास आशीष।
माँएँ बहनें बेटियाँ, ईश्वर की बख़्शीश।

माँएँ प्रभु से माँगतीं, बेटा श्रवण कुमार।
पति यदि श्रवण कुमार हो, तो करतीं तक़रार।

वृद्धाश्रम में भीड़ है, है मदर्स डे आज।
माँ से मिलने के लिए, आये हैं युवराज।

पिता–हेल्मेट एक से, इन्हें न समझें भार।
कठिन समय रक्षा करें, सहकर चोट व मार।

पानी पाले पेड़ को, अतः न काठ डुबाय।
बैठाकर खुद पीठ पर, तीर तलक पहुँचाय।

रहे सदा माँ–बाप पर, बच्चों का अधिकार।
बच्चों का कर्तव्य है, उन्हें न समझें भार।

प्यार मिले माँ–बाप से, हम सबको बिनमोल।
बाकी सबके प्यार का, पड़े चुकाना मोल।

पुरखे प्रभु का रूप हैं, ये भगवान समान।
इन्हें प्रतिष्ठित करें तो, मंदिर बने मकान।

साठ साल के हो गये, छोड़ो अब अधिकार।
मत टोको हर बात में, बाँटो घर में प्यार।

मात–पिता हैं पेड़ सम, छाया करें प्रदान।
बदले में कुछ लें नहीं, कर दें सब कुरबान।

प्राण दिए प्रभु आपने, तन रचते माँ–बाप।
मिस्त्री सम माँ–बाप हैं, प्रभु जी! स्वामी आप।

पत्नी, माँ, बच्चे, पिता, धन, बल, बुद्धि, विवेक।
तुष्टि न इनसे जिन्हें वे, भोगें कष्ट अनेक।

लड़का बिस्कुट की तरह, लड़की जैसे चाय।
बिस्कुट डूबे चाय में, तो पूरा गल जाय।

लड़का होता रेत सा, लड़की है सीमेंट।
जुड़े प्यार के नीर से, रिश्ता परमानेंट।

लड़के बैल समान हैं, लड़की गाय समान।
बैलों की क़ीमत घटी, बढ़ी गाय की शान।

हर लड़के को चाहिए, गर्लफ्रेण्ड दो चार।
पर न गर्ल का एक भी, ब्वायफ्रेन्ड स्वीकार।

कुछ लड़के अपना कभी, देखें नहीं चरित्र।
लेकिन पत्नी चाहिए, उनको परम पवित्र।

नारी में देखो सदा, नारी का नारीत्व।
त्याग, प्रेम, ममता, दया, उसमें निहित सतीत्व।

नारी में अक्सर दिखे, निकट दृष्टि का दोष।
प्रेम लुटाकर स्वजन पर, रीता कर दे कोष।

पब्लिक हो या प्रेमिका, दोनों एक समान।
रीझि जायँ किस पर कहाँ, ये जानें भगवान।

श्वशुर बेचारा गाय है, घोसी है दामाद।
दुहता है वह गाय को, बिना लगाये नाँद।

होटल सी ससुराल है, यहाँ बहुत हैं ठाट।
मेरा मन है चाहता, यहीं बिछा लूँ खाट।

बूढ़े औ' बदमाश हैं, बिल्कुल एक समान।
खा–खा करके गोलियाँ, निकले इनकी जान।

वृद्ध सुखी रहते जिन्हें, जिह्वा पर कन्ट्रोल।
सादा खायें, चुप रहें, बोलें तो मृदु बोल।

बार्डर की ही तरह हैं, सारे वृद्ध शरीर।
चलें दवा की गोलियाँ, देतीं तन–मन चीर।

हाथ–पैर जब ना चलें, कर लो बंद ज़बान।
इसमें ही कल्याण है, इसमें ही सम्मान।

पिता अँगूठे की तरह, पंजा है परिवार।
चोट अँगूठे में अगर, सभी काम दुशवार।

जीजा जी को सालियाँ, देतीं आशीर्वाद।
जी–जा, जी–जा कह कहें, जीजा हो आबाद।

साली रिश्वत की तरह, पत्नी है तनख़्वाह।
रँगे हाथ जाना पकड़, रिश्वत साथ गुनाह।

जब से भाई का अलग, निर्मित हुआ मकान।
तब से भाई बन गये, भाई घर मेहमान।

कोरोना है सास सम, कहे न बाहर जाव।
कहती मुँह ढककर रहो, घर में खाव–बनाव।

कद्दू सम होती बहू, चाकू ससुर व सास।
कद्दू ही कटता रहा, जब चाकू हो पास।

डरते थे बच्चे कभी, बाप न हों नाराज़।
अब डरते माता–पिता, बची रहे बस लाज।

पत्नी होती हैं सभी, घर के बेसिक फ़ोन।
मोबाइल सी प्रेमिका, कितनी अच्छी टोन।

मूँछें

मूँछें सबकी शान हैं, रखिए इनकी लाज।
मूँछों की क़िस्में बहुत, अलग–अलग अंदाज़।
अलग–अलग अंदाज़, कुछ बर्छी–तलवार सी।
कुछ ऐंठी, कुछ उठीं, कुछ लंबी पतवार सी।
ईश्वर को प्रिय लगें, मानें न, सबसे पूछें।
झड़ते सिर के बाल, पर झड़ें कभी न मूँछें।

भक्ति/दर्शन

मैं कविता में शून्य हूँ, माँ वाणी दो ज्ञान।
कृपा आपकी मिले तो, शून्य बने पहचान।

जीवन के आदर्श तुम, महावीर हनुमान।
मैं तुमसे हूँ माँगता, भक्ति, शक्ति, शुचि ज्ञान।

मेरे भगवन हो कहाँ, मिलता मुझे न चैन।
बाट तुम्हारी जोहता, खोले मूँदे नैन।

दुनिया के सब जीव हैं, स्वतःचलित रोबोट।
ईश्वर ने प्रोग्राम भर, पकड़ा स्वयं रिमोट।

बिना दिए कुछ ना मिले, व्यर्थ मुफ़्त की आस।
एक सांस जब छोड़िए, आती दूजी सांस।

रचना करके सृष्टि की, ईश्वर अन्तर्धान।
अब खोजे मिलता नहीं, परेशान इंसान।

अकड़ शब्द में कहीं भी, मात्रा लगी न कोय।
अलग–अलग मात्रा लिए, अकड़ रहे सब ढोय।

कठिन परीक्षा ज़िन्दगी, हर पल होता टेस्ट।
ख़रे उतरते हैं वही, जो होते हैं बेस्ट।

पूर्व जन्म की तरह ही, है सबका व्यवहार।
रहे भेड़िया, बैल कुछ, कुछ थे रँगे सियार।

तीव्र बुद्धि गड़बड़ करे, कम हो अगर विवेक।
जैसे दौड़ी जा रही, कार विदाउट ब्रेक।

मैं ईश्वर से माँगता, ना हों मुझसे पाप।
सब प्रसन्न मुझसे रहें, मुख्य रूप से आप।

शांति और संतोष ही, होते पूर्णविराम।
भौतिक सुख सब जगत के, होते अल्पविराम।

दिल बन जाये आपका, अगर समुद्र समान।
नदियाँ आकर मिलेंगी, खोकर निज पहचान।

आप कभी उस व्यक्ति से, बोलें नहीं असत्य।
कथन तुम्हारा व्यक्ति जो, माने अंतिम सत्य।

कई गुणों को दाब दे, कोई अवगुण एक।
शूल एक भी कष्टकर, यद्यपि फूल अनेक।

अपनी ख़ुशियाँ त्याग दीं, लड़ा धर्म–संग्राम।
जब सब खोया राम ने, राम बने श्रीराम।

भाग रही है ज़िन्दगी, नित्य मृत्यु की ओर।
जैसे नदिया दौड़ती, बँधी उदधि से डोर।

हमें दिखाई दे नहीं, बिजली जैसी जान।
साफ्टवेयर तन में पड़े, हार्डवेयर पहचान।

बड़ी नहीं है धर्म से, कोई पंथ व जाति।
सिर से ऊँचा है नहीं, पेट किसी भी भाँति।

साफ्टवेयर की तरह ही, सबको मिला चरित्र।
भोजन में हो स्वाद ज्यों, महक छिपी ज्यों इत्र।

टिक–टिक कहती घड़ी की, पल न करो बेकार।
जीवन–तरु पर हर समय, करे कुल्हाड़ी वार।

अहंकार करिए नहीं, चार दिनों का ठाट।
खुली रहेंगी मुट्ठियाँ, जब पहुँचोगे घाट।

हवा कभी बहती नहीं, सदा दिशा में एक।
ऐसे सबका भाग्य भी, बदले रंग अनेक।

एक पेड़ जब जले तब, होता क्रिया व कर्म।
प्रकृति कहे हम सभी से, पेड़ लगाना धर्म।

ना होती दिल से बड़ी, जग में कोई कब्र।
रोज़ ख़्वाहिशें दफ़्न हों, करना पड़ता सब्र।

अपने ही प्रोडक्ट हैं, वाणी और विचार।
गुणवत्ता अच्छी अगर, क़ीमत लगे अपार।

हम जग के मालिक नहीं, हम सब हैं मेहमान।
जीवन भर संचित किया, छोड़ जायँ सामान।

सिर नत हो काफ़ी नहीं, नमन करे मन साथ।
झुके न मन यदि आपका, व्यर्थ झुकाना माथ।

एक लोक परलोक है, एक लोक भूलोक।
अस्पताल है बीच में, टोल–टैक्स की रोक।

कर्मों के फल सब हमें, मिल जाते चुपचाप।
ज्यों पेड़ों में फूल–फल, आते अपने आप।

जब तक मन में खोट है, और हृदय में पाप।
तब तक पूजा व्यर्थ है, और व्यर्थ है जाप।

वादा, रिश्ता, मित्रता, हृदय, वचन, विश्वास।
टूटें बिन आवाज़ के, देते दर्द पचास।

सबका चेहरा देखकर, हम लेते पहचान।
पर असली पहचान है, कर्म–विचार–ज़बान।

लेना उत्तम ज्ञान है, देना उत्तम दान।
श्रेष्ठ त्यागने के लिए, होता है अभिमान।

गारंटी जिसकी नहीं, जीवन उसका नाम।
गारंटी है मौत की, पता न उसका धाम।

हरि की कथा अनंत है, मन की व्यथा अनंत।
कथा–व्यथा को समझ ले, वही बड़ा है संत।

हो जाता है एक दिन, बुरा वक़्त भी पस्त।
वक़्त बदलता वक़्त को, दो उसको कुछ वक़्त।

होती प्रभु की प्रार्थना, बिल्कुल दवा समान।
राग–द्वेष–दुख दूर कर, करती शक्ति प्रदान।

होटल और शरीर हैं, दोनों एक समान।
कुछ दिन ही रहना यहाँ, फिर करना प्रस्थान।

कैदी हम सब हैं यहाँ, दुनिया है इक जेल।
मिले रिहाई मृत्यु पर, सबके पड़ी नकेल।

वारिस धन–सम्पत्ति के, होते एक–अनेक।
वारिस अपने कर्म के, हमीं स्वयं हैं एक।

मानव जीवन

जीवन झूले की तरह, आगे–पीछे जाय।
डरें नहीं पीछे गया, वही लौट कर आय।

जीवन में अनमोल हैं, मौन और मुस्कान।
पहला रक्षा कवच सा, दूजा स्वागत गान।

ऐसा लो जीवन बना, जैसे इक तालाब।
जहाँ झुकाकर सिर पियें, शेर व बकरी आब।

अनुभव है सबके लिए, बेहतरीन स्कूल।
फ़ीस यहाँ पड़ती बहुत, साँसे जातीं फूल।

सबको सब कुछ ना मिले, क्यों हों आप उदास।
जमीं नहीं है इंच भर, आसमान के पास।

जीवन की वैलीडिटी, चाहे कम हो प्राप्त।
दया–धर्म का नहीं प्रभु! हो बैलेंस समाप्त।

जीवन में हम सभी को, ये रखना अंदाज़।
हमें न समझे उसे हम, करें नज़रअंदाज़।

घर कितना ही बंद हो, आ जाती है धूल।
कोई कितना योग्य हो, हो जाती है भूल।

कोरी चेक जैसे सभी, जन्मे हैं इंसान।
दुनिया ने कीमत भरी, गुण–अवगुण पहचान।

रेल पटरियाँ सैकड़ों, जीवन ऐसा व्यूह।
चलना है किस मार्ग पर, यह है प्रश्न दुरूह।

मिली लीज़ पर ज़िन्दगी, जिसकी गुप्त मियाद।
बैनामा होता नहीं, और न दायर वाद।

जीवन की चक्की चले, चाहत पिसें हज़ार।
तब खाने के लिए हो, कुछ आटा तैयार।

जीवन पेन ड्राइव नहीं, जो गाये प्रिय गान।
जीवन जैसे रेडियो, विविध सुनाये तान।

फ़र्क पड़े कोई नहीं, आप शेर या गाय।
वैसे उसके लिए हो, जैसी जिसकी राय।

झूठे की तारीफ़ हो, सच का हो उपहास।
इसीलिए तो हो रहे, अच्छे लोग हताश।

खिंची लकीरें हाथ की, होती बड़ी अजीब।
मुट्ठी में होतीं मगर, बस में नहीं नसीब।

भाग्य न माँगो ईश से, माँगो तुम सत्कर्म।
भाग्य स्वयं बन जायगा, जब अच्छे हों कर्म।

रोना रोता रहे जो, निज दुख का हर वक़्त।
द्वार खड़ा हो सुख अगर, वह लौटे हो त्रस्त।

कभी किसी का जिस समय, हम करते अपमान।
उसी समय हम स्वयं भी, खो देते सम्मान।

जीवन है इक बैटरी, चार्जर है परिवार।
पावर बैंक सखा सभी, दुख के तारणहार।

बहुत क़ीमती ज़िन्दगी, इतना रखिए याद।
इसे व्यर्थ की कलह में, मत करिए बर्बाद।

सबको मैं समझा करूँ, मुझको समझे कौन।
सहूँ कहाँ तक दर्द मैं, रहूँ कहाँ तक मौन।

भूत पुकारे तो उसे, देना नहीं जवाब।
बात पुरानी कहेगा, उसके पास न ख़्वाब।

कम डूबो भव–सिंधु में, ज्यों कम डूबे नाव।
ये जग है तेज़ाब सम, डूबे देता घाव।

जीवन दर्पण की तरह, जिसमें दिखती छाप।
मुस्कायेगी ज़िन्दगी, जब मुस्कायें आप।

कम से कम ही बोलिए, सुनिए देकर ध्यान।
कहने को इक जीभ है, सुनने को दो कान।

खेल कबड्डी ज़िन्दगी, नियम दोउ के एक।
पंक्ति सफलता की छुओ, खींचें टाँग अनेक।

चिंता उतनी कीजिए, बन जाये जो काम।
इतनी कभी न कीजिए, जीना बने हराम।

जीवन से हारा मनुज, बन जाता फुटबाल।
मारें ठोकर लोग ज्यों, गुस्सा रहे निकाल।

बहुत साहसी ज़िन्दगी, ज़रा देखिए आप।
निकली है वह सफ़र पर, मौत संग चुपचाप।

जीवन कुहरे की तरह, दिखता नहीं भविष्य।
क़दम–क़दम आगे बढ़ो, दिखता जाये दृश्य।

घटती जाती श्वास नित, जुड़ता अनुभव–ज्ञान।
गुणा–भाग सा भाग्य है, जीवन गणित समान।

दर्पण सा बनकर जिओ, जिसे न माया मोह।
स्वागत करता सभी का, संग्रह से निर्मोह।

चार लोग क्या कहेंगे, ये चिंता बेकार।
राम–नाम ही सत्य है, कहें अंत में चार।

हम सबकी है ज़िन्दगी, वन डे मैच समान।
रन बढ़ते, घटते ओवर, फिर छूटे मैदान।

जिह्वा का ताला लगा, मानव एक दुकान।
पता चले ताला खुले, अंदर क्या सामान।

ख़ुश होकर यदि देखिए, दुनिया लगे हसीन।
रोते दर्पण देखिए, चेहरा दिखे मलीन।

कवर ज़रूरी धैर्य का, जीवन एक किताब।
पुस्तक गंदी हो नहीं, रहे सुरक्षित आब।

हँस कर बोलें सभी से, कुछ हँस कर दें टाल।
उत्तर दें हर बात का, तो हों व्यर्थ बवाल।

मक्खन, दही, पनीर, घी, स्रोत सभी का एक।
गुण–क़ीमत की दृष्टि से, अलग–अलग प्रत्येक।

सफ़ाचट मूँछें

साले की बारात में, रोब हो गया हाफ़।
नाई ऐसा पिल पड़ा, मूँछें कर दीं साफ़।
मूँछें कर दीं साफ़, सफ़ाचट ही अब रखता।
साली की है राय, कि अब मैं सुंदर लगता।
लूँ लगाम मुँह बाय, पड़ा साली के पाले।
रिश्ते सुंदर बहुत, सालियाँ, सलहज, साले।

नीति/व्यवहार

सब कुछ मिल पाता नहीं, यत्न करें हम लाख।
हँसते मेरे होंठ जब, दब जाती है आँख।

गुण भारी सौंदर्य पर, और गुणों पर कर्म।
परमारथ उससे बड़ा, सबसे बड़ा है धर्म।

विज्ञापन की तरह है, ऊपर का व्यवहार।
जाँच–परख कर देखिए, तब करिए स्वीकार।

सीख न देना किसी को, यदि दुर्बल हो गात।
सीख विभीषण ने दिया, दी रावण ने लात।

बुरा नहीं यह मानना, मैं हूँ ज़्यादा योग्य।
किन्तु बुरा है मानना, बाक़ी सभी अयोग्य।

अधिक प्रदर्शन जो करे, उसमें अक्सर खोट।
घुनहा गेहूँ तैरता, अच्छा रहता ओट।

बात व रोटी एक से, तनिक खरी नायाब।
जली–भुनी कड़वी लगें, ज़्यादा खरी ख़राब।

बिना बड़प्पन के बड़े, बन जाते हैं भार।
बड़े वही जो प्रेम दें, और करें उपकार।

सत्य बड़ा है झूठ से, सच से चले समाज।
बँटवारे में लूट की, चले सत्य का राज।

सबसे सस्ता मशविरा, देते लोग हज़ार।
महँगा है करना मदद, लगता सबको भार।

झुककर रहते फल सदा, तनकर रहते फूल।
भूख मिटाते फल मगर, फूल चाटते धूल।

सब झूठों का झूठ है, पहला जिम्मेदार।
ग़लत बटन पहला लगे, शेष ग़लत हों चार।

रोग–कुसंगति, छूत का, लेती अंक बिठाय।
बिजली जैसी चिपक कर, ख़ून चूस सब जाय।

है सुगंध सा आचरण, सोने सा है ज्ञान।
ये दोनों मिल जायँ जब, तब मिलता सम्मान।

समय नहीं है समय को, चलो समय अनुसार।
काम करो सब समय से, समय न हो बेकार।

अहित याद रहता सदा, हित जाता है भूल।
काँटे रहते हैं लगे, झड़ जाते हैं फूल।

प्रायः हाथी दाँत सा, लोगों का व्यवहार।
मात्र प्रदर्शन के लिये, काम पड़े बेकार।

कुछ सबमें है लाज़िमी, सख़्ती की तासीर।
खारा ना हो सिंधु तो, पी जायें सब नीर।

स्वयं अमल करना कठिन, सहज सिखाना ज्ञान।
हरिश्चंद्र ने अमल कर, झेले कष्ट महान।

नम्र स्वर्ण ज़ेवर बने, लौह नम्र औजार।
नम्र भूमि में अन्न हो, विनम्रता श्रृंगार।

मर्यादा में रहो नित, बड़े–बड़े पद पाय।
लिमिटेड रहती कंपनी, भले बड़ी हो जाय।

आँखों से आँसू गिरा, नज़र गिरा इंसान।
बन ना पाये पूर्व सा, रोटी जली समान।

पैसा गया तो सब गया, पैसा सबसे ख़ास।
स्वास्थ्य गया तो कुछ गया, है चरित्र बकवास।

पैसा होता नीर सा, बहकर रहता शुद्ध।
नीर टिके तालाब में, तो हो जाय अशुद्ध।

मूर्ख, लड़ाका, झकझकी, चिढ़ुआ, तुनक मिज़ाज।
दूर रहें, समझें इन्हें, दाद, अकौता, खाज।

झुककर चलता व्यक्ति जो, उसका हो उल्लेख।
झुककर चलती क़लम ज्यों, लिखती सुंदर लेख।

अहंकार औ' क्रोध हैं, क्रेडिट कार्ड समान।
खर्चोगे यदि कार्ड से, तो करना भुगतान।

धन से होता है अधिक, ज्ञान बहुत बलवान।
धन की रक्षा हम करें, करे हमारी ज्ञान।

समय, व्यक्ति, संबंध को, देना पूरा मान।
खो जाने के बाद ही, पता चले नुकसान।

वार छुरी सम कटु वचन, देते घाव समान।
घाव भले भर जायँ पर, रहते शेष निशान।

होता समय ख़राब जब, गधा कहे मैं बाप।
हानि–लाभ को देखकर, सहें आप चुपचाप।

आप सही मैं ग़लत हूँ, सबसे अच्छी नीति।
दूर रहोगे कलह से, बची रहेगी प्रीति।

वज़नदार सबसे अधिक, स्वारथ के अनुबंध।
हल्के इसके सामने, बड़े–बड़े संबंध।

होता है जिस व्यक्ति से, जितना अधिक लगाव।
प्रायः देता व्यक्ति वह, उतना गहरा घाव।

नफ़रत पीछे पीठ के, लेकिन मुँह पर प्यार।
दुनिया में प्रायः मिला, ऐसा ही व्यवहार।

हैं साबुन औ' मित्रता, बिल्कुल एक समान।
फिसलें ढीली पकड़ से, इतना रखिए ध्यान।

बंद न हो मुँह किसी का, बंद करो ख़ुद कान।
जीवन बेहतर बनेगा, बचा रहेगा मान।

ग़लत सदा ना दूसरा, उसके भिन्न विचार।
आप इस तरह सोचकर, करें उचित व्यवहार।

अधिक न देना किसी को, खाना हो या प्यार।
जितना दोगे अधिक, वह, हो जाए बेकार।

भले एक से दो सदा, पक्की है ये बात।
नर–मादा प्रभु ने रचे, और रचे दिन–रात।

होगा लाभ शरीर को, अगर छोड़ दें स्वाद।
संबंधों को लाभ हो, छोड़ें अगर विवाद।

गन्ना मीठा है अतः, उसका हो बलिदान।
जाय निचोड़ा अंत तक, जब तक रहती जान।

गूँगा ना होता समय, पर रहता है मौन।
समय बताये समय पर, मित्र आपके कौन।

ठोकर खाकर ही मिले, हमको उत्तम सीख।
ज्यों ज़िल्लत सहकर मिले, भिखमंगे को भीख।

बात–बात में बोलना, कोई नहीं कमाल।
लेकिन बड़ा कमाल है, रखना जीभ सँभाल।

गुप्त बात का किरी से, मत करिए इजहार।
कागज़ भी पल में यहाँ, बन जाता अख़बार।

तेवर–ज़ेवर क़ीमती, इनको रखें सँभाल।
इन्हें दिखाया मत करें, फ़ौरन आप निकाल।

तोड़ें, मसलें, फेंक दें, भले व्यक्ति ज्यों फूल।
होंगे लहूलुहान यदि, मसलेंगे हम शूल।

कमज़ोरी होती नहीं, सीधा–सरल स्वभाव।
पत्थर को भी पीस दे, जल का सरल बहाव।

बड़ा कलेजा चाहिए, हक़ की कहनी बात।
यदि तलवे हों चाटने, एक जीभ पर्याप्त।

पैसा वह जो पास हो, ताक़त वह जो हाथ।
विद्या वह जो याद हो, अपने वह जो साथ।

निष्ठा देनी पड़े तब, मिलता है विश्वास।
एक श्वास जब छोड़िए, आती दूजी श्वास।

कृतघ्नता होती बुरी, बुरा नहीं है स्वार्थ।
पर जीवन उसका सफल, जो करता परमार्थ।

सोच–समझकर किसी को, आप बनाएँ ख़ास।
गला परस्पर काटतीं, हों पतंग जब पास।

दुख में आँसू पोछती, केवल उँगली एक।
मिलकर पीटें तालियाँ, सुख में बन सब नेक।

कुसंग औ' सत्संग में, होता प्रबल कुसंग।
सड़ जाते हैं फल सभी, सड़े फलों के संग।

काँव–काँव कौवे करें, पर रुकते ना बाज।
मंजिल पर रखकर नज़र, पूरा करिए काज।

सत्संगति से सभी को, मिलते लाभ अपार।
फूलों से गुजरे हवा, बनती ख़ुशबूदार।

अच्छों की संगति करो, बढ़ जायेगा मोल।
कूड़ा बिके सुनार का, घर का है बेमोल।

काम निकालो मित्र से, अपनी बात बताय।
जैसे दुहता गाय को, ग्वाला नाँद लगाय।

स्नेह/प्रेम/मित्रता

प्यार तुम्हारा हवा सा, रहता हरदम पास।
हो जाये कम ज़रा सा, घुटने लगती श्वास।

गुस्से में जो प्यार है, छिपा हँसी में दर्द।
चुप होने की वजह क्या, समझे वह हमदर्द।

दरवाजों में हृदय के, हैंडिल अंदर होय।
बाहर से जो खोलते, वे सब देते रोय।

काले धन सा है छिपा, दिल में उनका प्यार।
भेद प्रकट हो जाय तो, शत्रु बने संसार।

मोबाइल औ' चारजर, करते सच्चा प्यार।
नित्य गले दोनों मिलें, आपस में बहु बार।

धागा होता नेह सा, सूई सा संवाद।
उघड़ गये रिश्ते सिलो, दिल में भर सौहार्द।

आशिक़–कुत्ते एक से, कितने मारो लट्ठ।
उसी गली में दिखेंगे, धूल झाड़ कर चट्ट।

जो तन पर हैं रीझते, वे होते हैं सूर।
रूप मोह में बने थे, नारद जी लंगूर।

दोस्ती का पौधा सुखद, दिल में जिसकी मूल।
पालन–पोषण करोगे, तो देगा फल–फूल।

दोस्ती हो या प्यार हो, दोनों ही हैं ख़ास।
पासवर्ड इनको मिला, जिसे कहें विश्वास।

गायें मृदु स्वर में अगर, अच्छा लगता गीत।
तो फिर मीठे वचन से, क्यों ना जागे प्रीत।

जितनी जिसको हजम हो, उतनी डालो घास।
अधिक खिलाये अपच हो, फिर करता बकवास।

मित्र मिलें अच्छे अगर, बहुत बड़ी तक़दीर।
कम लोगों के हाथ में, ऐसी मिलें लकीर।

जाओ जहाँ बिखेर दो, अपनेपन के बीज।
इनमें कुछ तो उगेंगे, महकेगी दहलीज।

जिसको दोगे तुम अधिक, समय और सम्मान।
तुम्हें मानकर फ़ालतू, देगा तनिक न ध्यान।

जब जीवन में प्रेम का, कम होता बैलेंस।
सुख के चेक बाउन्स हों, ख़ुशी रखे डिस्टेंस।

मित्रों को हैं मानते, आज नमक सा लोग।
सभी स्वाद अनुसार ही, इनका करें प्रयोग।

उसे अवश्य जताइये, जिससे करते प्यार।
शादी करके अन्यथा, प्रेयसि होय फ़रार।

मिलें प्रेम से क्या पता, कौन आख़िरी रात।
कौन मिलन हो आख़िरी, कौन आख़िरी बात।

वेतन जैसी मित्रता, जो बढ़ती ही जाय।
वेतन से पेंशन बने, बैठ बुढ़ापा खाय।

प्यार–मोहब्बत–प्रेम में, एक वर्ण विकलांग।
चाल प्रेम की इसलिए, होती ऊटपटांग।

ताले से हम सीख लें, कैसे देना साथ।
वह बदले चाभी नहीं, चाहे फूटे माथ।

वृक्ष और विश्वास हैं, दोनों एक समान।
बढ़ने में लगता समय, क्षण में हो अवसान।

जबसे चाहा आपको, दिल में लिया बसाय।
फिर दिल में कर्फ़्यू लगा, सबको दिया भगाय।

वक़्त तराजू की तरह, करता सही हिसाब।
वज़न बताता मित्र का, जब हो वक़्त ख़राब।

झगड़ा रस

झगड़ा रस में है मज़ा, पति–पत्नी के बीच।
प्रेम–बेल सूखे नहीं, कभी–कभी लो सींच।
कभी–कभी लो सींच, कीट मीठे में पड़ते।
रुकता तभी अचार, तेल कडुए में रखते।
भूले थे विद्वान, कि यह रस भी है तगड़ा।
प्रेम बढ़े दिन–रात, प्यार से करना झगड़ा।

चुनाव

डाकू जीता जेल का, क़ैदी–संघ चुनाव।
पत्रकार आकर कहें, काकू हाल सुनाव।
काकू हाल सुनाव, बने कैसे मर्यादित।
भीषण रहे डकैत, हुए कैसे निर्वाचित।
बोला वोटर जैस, वैस ही नेता काकू।
चोर देंय जब वोट, चुना जायेगा डाकू।

उपदेश/परामर्श

पहिए स्वारथ–प्रेम के, जग को रहे चलाय।
इनको रखिए संतुलित, करके सभी उपाय।

छिप कर करते पाप हम, हम कितने हैं मूढ़।
लगे कैमरे हर तरफ़, बात तनिक है गूढ़।

जीवन क्रिकेट समान है, सधी फेंकिए बाल।
लूज़ बाल फेंकी अगर, खिंचे बाल की ख़ाल।

दूजे के कर्तव्य ही, हैं मेरे अधिकार।
हम भी निज कर्तव्य कर, सुखी करें संसार।

पैसा घुसे दिमाग़ में, बन करके शैतान।
मुट्ठी में पैसा रखो, कर न सके नुकसान।

करें भरोसा स्वजन पर, पर रक्खें ये ध्यान।
अपने ख़ुद के दाँत ही, लेते काट ज़बान।

व्यक्ति कुतर्की यदि मिले, उससे रहो सतर्क।
सामिष कहकर दूध–फल, देगा बहुत कुतर्क।

ज़ख़्म प्रदर्शित ना करो, दुख का करो न शोर।
लोग लिए कर में नमक, घूम रहे चहुँ ओर।

करने से अन्याय के, ख़त्म न हो अन्याय।
ख़ून न धुलता ख़ून से, कितना करो उपाय।

विनम्रता के साथ ही, सबको करो प्रणाम।
इक प्रणाम ही बहुत से, बदल सके परिणाम।

दुनिया के हर व्यक्ति में, होता है कुछ ख़ास।
उस गुण को पहचान कर, छू लो तुम आकाश।

होंठ धनुष सम फेंकते, शब्द–वाक्य के तीर।
इनसे छोड़ो वचन मृदु, हरें सभी की पीर।

शक्ति विचारों में रखो, तेज़ न हो आवाज़।
वर्षा से उपजे फ़सल, बाढ़ गिराये गाज।

बहस न करिये मूढ़ से, साधे रहिए मौन।
पता न चलता बहस से, मूर्ख असल में कौन।

कड़ी–कड़ी को जोड़कर, बनती है जंजीर।
करें निरंतर श्रम अगर, तो बनती तक़दीर।

चींटी से श्रम सीखिए, औ' बगुले से युक्ति।
मकड़ी से कारीगरी, चातक से अनुरक्ति।

करिए आदर समय का, उसकी लम्बी मूँछ।
नहीं पकड़ पीछे कहीं, उसके लगी न पूँछ।

करना कोई काम हो, करिए कई उपाय।
दवा लगायें खायँ भी, यदि फोड़ा हो जाय।

दुष्ट–संग का फल मिले, खल पर क्यों हो रोष।
बिजली छू कोई मरे, बिजली का क्या दोष।

चाहे सब–कुछ छोड़ दो, मत छोड़ो ईमान।
यही नहीं है गाँठ में, तो कैसे इंसान।

हँसकर सबसे बोलिए, कुछ हँसकर दें टाल।
जीवन की कुछ मुश्किलें, ईश्वर पर दें डाल।

समय सफलता में लगे, जल्दी करना भूल।
पौधों में अपने समय, आते हैं फल–फूल।

करते समय य़कीन हम, इतना रक्खें ध्यान।
मिश्री हो या फिटकरी, दिखतीं एक समान।

परहित करके भूलना, होता है माकूल।
बीज गाड़कर गिलहरी, ज्यों जाती है भूल।

मंजिल पानी है अगर, चलना होगा नित्य।
तुमको जलना पड़ेगा, यदि बनना आदित्य।

करें याद सब बाद भी, इतना बनें सुयोग्य।
लिखिए पढ़ने योग्य या, करिए लिखने योग्य।

मत झुकिए इतना अधिक, उठने में हो कष्ट।
सम्बल बिना न उठ सकें, स्वाभिमान हो नष्ट।

रख अचार यादें सुखद, खाओ सालोंसाल।
दुखद याद चटनी करो, खा जाओ तत्काल।

बदतमीज़ से बहस को, करिए नज़रंदाज़।
श्वान भौंकने में करे, बहुत तेज़ आवाज़।

लाभ मिलेंगे बहुत से, करो बड़ों की भक्ति।
उच्च शक्ति से प्लग जुड़े, तब मिलती है शक्ति।

उतना ही बोला करे, तेरी तेज़ ज़बान।
जितना तेरे सुन सकें, इक जोड़ी ये कान।

रोटी का ना धर्म है, ना पानी की जात।
नहीं सुहाती भूख को, जाति–धर्म की बात।

कुछ दूरी तक फैलती, फूलों भरी सुगंध।
सड़े श्वान के सदृश है, अपयश की दुर्गन्ध।

आगे भाग्य लकीर के, उँगली होतीं पाँच।
कर्म बड़ा है भाग्य से, इसे मानिए साँच।

सीधी कीलें ठोंक दें, सीधे तरु दें काट।
कुछ टेढ़े बनकर रहो, थोड़े से खुर्राट।

अगर क्रोध में आप हों, मत बोलें तत्काल।
गरम कचौड़ी खाइये, उसकी भाप निकाल।

सूप रोकता सार को, चलनी देय गिराय।
सूप बनो चलनी नहीं, चलनी भूसा खाय।

सेतु प्रशंसा का निबल, करो समझ कर पार।
स्वार्थ नदी नीचे बहे, लिये तेज़ रफ़्तार।

उलझ जायँ लम्बे अगर, धागा और ज़बान।
रक्खो इन्हें समेटकर, या भुगतो नुकसान।

अपनों से रहिए जुड़े, अपने रखते ख़्याल।
प्राणवायु दें पात जो, पकड़े रहते डाल।

बेशर्मी

बेशर्मी सबसे भली, भलीभाँति लो ओढ़।
फिर चाहे कुछ भी करो, चिंता दो सब छोड़।
चिंता दो सब छोड़, सीख लो छल–मक्कारी।
कलियुग का है समय, इन्हीं से दुनिया हारी।
उलटा–सीधा करो, बात में बरतो नरमी।
बहुत क़ीमती वस्त्र, ओढ़ लो तुम बेशर्मी।

संबंध

अच्छे रिश्तों के लिए, अच्छा यही उसूल।
उन बातों को भूलिए, जो हैं निरी फ़िज़ूल।

अपनों से मिलते रहो, कुछ निकाल कर वक़्त।
अपने–अपने ना रहें, व्यर्थ ताज औ' तख़्त।

रिश्ते–दौलत एक से, इनका रखिए ध्यान।
इन्हें कमाना है कठिन, खोना है आसान।

ज्यों है रिश्ता जोड़ना, ऋण लेना आसान।
और निभाना कठिन ज्यों, किश्तों का भुगतान।

रिश्ते, सेहत, समय हैं, जीवन में अनमोल।
जब खो देते हम इन्हें, पता चले तब मोल।

घड़ी सूइयों सम रखें, अपनों से संबंध।
दूर–दूर चाहे दिखें, जड़ से हो अनुबंध।

अपने अच्छे वक़्त में, पकड़ो उनका हाथ।
जिसने आड़े वक़्त में, दिया आपका साथ।

रिश्ता होता सफल जब, दोनों पक्ष निभायँ।
एक तरफ़ रोटी सिकें, तो कच्ची रहि जायँ।

रज पर रज लिखना सरल, सरल पकड़ना हाथ।
जल पर जल लिखना कठिन,कठिन निभाना साथ।

रिश्ते–पौधे रोपकर, उन्हें न जाओ भूल।
सूखेंगे भूले अगर, नहीं खिलेंगे फूल।

रिश्तों में अनबन अगर, हल है करना माफ़।
माफ़ी दो या माँग लो, झगड़ा हो फिर साफ़।

जब कोई संबंध का, करना चाहे नाश।
तो वह ख़त्म करे प्रथम, बातें भरी मिठास।

रिश्ते–धागे एक से, रखिए इन्हें सँभाल।
गाँठ सुलझ सकती अगर, मत तोड़ें तत्काल।

गहरे डूब निभाइये, रिश्ते सदाबहार।
मिलें किनारे पर नहीं, मोती पानीदार।

है पहाड़ की तरह ही, रिश्तों का अंदाज़।
जब पुकारते हम उन्हें, तब लौटे आवाज़।

दो सदगुण सीमेंट से, सीखें लोग समस्त।
नम्र जोड़ने हित बनें, जुड़ने पर हों सख़्त।

ख़त्म करो नाराज़गी, चुप रहकर कुछ देर।
अधिक अगर झक–झक किया, रिश्ते होंगे ढेर।

रिश्ते होते हैं सभी, मोती तुल्य हसीन।
झुककर तुरत उठाइये, मोती गिरे ज़मीन।

जब हम रिश्तों के लिए, सकें न वक़्त निकाल।
वक़्त निकाले बीच से, रिश्तों को तत्काल।

दिल में घुस जाये अगर, तीख़ा–तेज़ दिमाग़।
रिश्तों को देती जला, यह दिमाग़ की आग।

चिपक जाय जो जोंक सा, वह है रिश्तेदार।
छोड़ सको जो पकड़ कर, वह होता व्यवहार।

अपनों से बातें करो, खोलो दिल के द्वार।
बंद रहे घर बहुत दिन, जाले लगें हज़ार।

रिश्ते होते पेड़ से, जिनकी जड़ विश्वास।
जड़ को पानी–खाद दो, पेड़ छुए आकाश।

कलियुग में रिश्ते हुए, सूरजमुखी समान।
जिधर दीखता फ़ायदा, उधर लगाते ध्यान।

रेल सवारी की तरह, होते रिश्तेदार।
स्टेशन पर स्वार्थ के, लें सामान उतार।

आने का दर दिलों में, जाने का ना होय।
दिल जाता है टूट जब, दिल से जाये कोय।

जब अपनों की सोच में, आ जाती है मोच।
रिश्तों में आ जाय तब, अक्सर बहुत खरोंच।

शब्दों में दौलत भरी, जिसके सभी मुरीद।
मृदु शब्दों को भेंट कर, सबको सकें खरीद।

सही वक़्त पर कीजिए, रिश्तों की परवाह।
सूखे तरु का सींचना, होता ख्वाहमख्वाह।

मित्र इस तरह चाहिए, जैसे होते पैर।
आगे या पीछे रहें, ना ईर्ष्या, ना बैर।

मेरी पाकेट में हुआ, एक बड़ा सूराख़।
पैसे–रिश्ते गिर गये, बची न मेरी साख।

बारिश की ही तरह हों, क्रोध और मतभेद।
प्यार हवा की तरह हो, कभी न हो विच्छेद।

पेड़ों से हम सीख लें, कैसे रखें रुसूख़।
जड़ को लगती चोट यदि, पत्ते जाते सूख।

जो अपने उनका सदा, किया करें हित आप।
बिना त्याग की मित्रता, होती है अभिशाप।

होती जीवन की गणित, जग से अलग विशेष।
दो से जाये एक तो, कुछ भी बचे न शेष।

समाज/सामाजिक एकता

दूजे पर निर्भर सभी, मिलकर रहिए साथ।
सेवा बायें हाथ की, करता दायाँ हाथ।

मिलने पर जिससे मिले, वही बड़ा कहलाय।
पाने की सोचे सदा, जो ओछा टकराय।

अति कोमल है आस्था, मत पहुँचाओ ठेस।
इससे मिलना कुछ नहीं, उल्टे बढ़ता क्लेश।

मानव और पतंग हैं, दोनों एक समान।
ऊँचाई पर जब रहें, तभी मिले सम्मान।

जिनका तेज़ दिमाग़ है, लेकिन अल्प विवेक।
ऐसे व्यक्ति समाज में, कहे न जाते नेक।

स्वारथ के संबंध सब, मत करिए इंकार।
पर जो व्यक्ति कृतघ्न हों, उनको है धिक्कार।

सुनने का मीठे वचन, उनको है अधिकार।
जो मीठा हैं बोलते, जिनके दिल में प्यार।

करके चोरी–तस्करी, जोड़ें लाख–करोड़।
सभी साह हैं देश में, पकड़ जाय वह चोर।

दुनिया से कहिए नहीं, आज गये हम टूट।
दुनिया कटी पतंग को, फ़ौरन लेती लूट।

भले व्यक्तियों में सदा, रहती भरी मिठास।
इनको हलुआ समझकर, खाना आता रास।

खलनायक यदि हो नहीं, तो हीरो बेकार।
हीरो के निर्माण में, बनें वही आधार।

थोड़ा दबने से सदा, झगड़ा होता पस्त।
थोड़ा दब कर बैठिए, रेल सफ़र ज्यों मस्त।

ख़त्म हो रहा आजकल, सेवा, पर–उपकार।
कैसे चले समाज यह, कैसे पनपे प्यार।

परमार्थी यदि एक तो, स्वार्थी मिलें हज़ार।
साथ चलें शव के बहुत, कंधा देते चार।

सब कुछ बदले देश में, नहीं बदलतीं जाति।
भारत का दुर्भाग्य है, लाखों जाति–प्रजाति।

अत्याचारी एक दिन, हो जाता है ढेर।
ज्यों बूढ़ा हो एक दिन, भूखा मरता शेर।

काम चले सहयोग से, यही बताता वक़्त।
स्वागत के हित चाँद के, सूरज होता अस्त।

नापसंद प्रायः करें, सीधे जन को मित्र।
ऋजु रेखाओं से नहीं, बनता मोहक चित्र।

कैंची इक को दो करे, सूई दो को एक।
सूई सम हम सब बनें, धरा बनेगी नेक।

बच्चों का मैदान में, है अब बहुत अकाल।
मोबाइल है खा गया, बैट–बाल–फुटबाल।

झुकते हैं फलदार तरु, और झुकें गुणवान।
ऊपर चढ़ता वह झुके, झुकें न जड़–बेजान।

समझदार जब चुप रहें, मूर्ख करें बकवाद।
घर के साथ समाज भी, हो जाता बर्बाद।

अच्छे लोगों पर करें, औषधि सा विश्वास।
ये कुछ कड़वे हों भले, करें व्याधि का नाश।

अगर किसी को आपने, दिया अधिक जो भाव।
तो वह समझेगा तुम्हें, बस रद्दी के भाव।

मिले सफलता किसी को, बन जाते सब ख़ास।
जब फल आते पेड़ में, घेरें लोग पचास।

भले व्यक्ति का इसलिए, हो जाता नुकसान।
कहनी कड़वी बात हो, तो ना खुले ज़बान।

मक्कारी

सुख से जीना चाहते, सीखो देना दाँव।
फिर कोई चिंता नहीं, शहर बसो या गाँव।
शहर बसो या गाँव, बोलना मीठा सबसे।
हो जाए विश्वास, कान काटो फिर तब से।
है कलियुग का समय, मिलें इसमें दुख ही दुख।
मक्कारी लो सीख, चाहते यदि पाना सुख।

आम आदमी

आम आदमी है वही, जो होता कमज़ोर।
ख़ास आदमी जानिए, जो होता शहज़ोर।
जो होता शहज़ोर, आम की चटनी पीसे।
पका मिले जो आम, काट गर्दन रस चूसे।
डाल लगा जो आम, ढेले खाना लाज़िमी।
दुर्गति होती यही, आज जो आम आदमी।

कष्ट/श्रम/संघर्ष

दुख में आयें अश्रु यदि, उन्हें न लेना रोक।
मच्छर पनपें वहीं पर, नीर जहाँ पर चोक।

जीवन में जो आपको, करते हैं चेलेंज।
वही आपकी ज़िन्दगी, कर सकते हैं चेंज।

श्रम ही कुंजी एक है, जो होती अनमोल।
बंद किवाड़े भाग्य के, जो देती है खोल।

सुख में रहते सामने, दुख में नहीं दिखायँ।
दूल्हे के आगे चलें, शव के पीछे जायँ।

जल्दी में था सुख बहुत, रुका बहुत कम देर।
दुख को फुरसत थी बहुत, बैठ गया वह घेर।

जग के ये सब कष्ट हैं, बिल्कुल हवा समान।
द्वार बंद कितना करो, घुस आते शैतान।

जीवन के कुछ कष्ट ज्यों, ट्राफ़िक बत्ती लाल।
बत्ती होती हरी ख़ुद, रक्खें धैर्य सँभाल।

सुख–दुख होते हैं अतिथि, जिसका मन आ जाय।
सुख लाए ख़ुशियाँ बहुत, दुख आकर सुख खाय।

मन भर सुनता आदमी, टन भर दे उपदेश।
कण भर करता है अमल, इसीलिए है क्लेश।

झरनों के दिल में छिपा, मीठा सा संगीत।
घाव न देते संग तो, कैसे गाता गीत।

टिक–टिक करती ये घड़ी, हमें रही समझाय।
जो करना कर डालिए, घड़ी बीतती जाय।

कोई बिन संघर्ष के, बनता नहीं महान।
बने चोट पर चोट से, पत्थर भी भगवान।

बहते पानी की तरह, करो निरंतर कर्म।
साइड में कचरा लगे, यही प्रकृति का धर्म।

बहे उधर मछली मरी, जल का जिधर बहाव।
ज़िंदा मछली स्वयं ही, करती दिशा चुनाव।

दुख आने में तनिक भी, ना लगती है देर।
वर्षों में बनता भवन, मिनटों में हो ढेर।

मिले सफलता उसी को, जो सहता है शूल।
बीज दफ़न होता तभी, आते हैं फल–फूल।

वक़्त किसी से रूठकर, जब आँखे ले फेर।
तब ताकतवर शेर को, कुत्ते भी लें घेर।

मेहनत सीढ़ी की तरह, लिफ़्ट सरीखा भाग्य।
लिफ़्ट बंद हो जाय पर, कर्म सिद्ध–सौभाग्य।

दर्द ज़रूरी अंग में, इसे करो स्वीकार।
जहाँ दर्द होता नहीं, वही अंग बेकार।

काम हुआ तब जानिए, जब पूरा हो जाय।
क्या जाने कब, कौन सी, बाधा खड़ी दिखाय।

अवसरवादी

अवसरवादी घेरते, मंत्री जी को दौड़।
मक्खी जैसे चिपक कर, जाते हैं हर ठौर।
जाते हैं हर ठौर, सामने जा मिमियाएँ।
बोलें मीठा झूठ, प्रदूषण भी फैलाएँ।
जनता हो नाराज़, ख्याति की हो बर्बादी।
ख़तरनाक हों सिद्ध, बिचरते अवसरवादी।

फ़ाइल

फ़ाइल को पा दाब लें, हुनर एक से एक।
भ्रष्टाचारी फ़ितरती, करतब करें अनेक।
करतब करें अनेक, लोभवश फ़ाइल रोकें।
होते हैं संतुष्ट, लोग जब उनको टोकें।
होते हैं बेशर्म, झूठ के हरदम क़ायल।
डर जाता जब बैठ, निकल आती है फ़ाइल

कवि/कविता

कविता है दुल्हन नई, ये है रस की खान।
ये बूढ़ी होती नहीं, रहती सदा जवान।

कविता उतरे स्वयं ही, बिल्कुल परी समान।
स्वागत उसका मैं करूँ, जैसे प्रिय मेहमान।

कविता–प्रेम समान हैं, दोनों रस की खान।
परिभाषित ना कर सके, बड़े–बड़े विद्वान।

कविता हो रस से भरी, और अर्थ में अर्थ।
मनरंजक वक्रोक्ति हो, कविता वही समर्थ।

कविता गाई ना गई, तो उसका क्या अर्थ।
पड़ी किताबो में रही, तो हो जाती व्यर्थ।

पति–पत्नी कविता करें, इसके लाभ अनेक।
श्रोता–गुरु दोनों मिलें, ठीक करें मिस्टेक।

कविता–प्रेयसि एक सी, आते हुए लजायँ।
मुझे जगायें रात में, जब घर के सो जायँ।

कविता यदि बनती नहीं, तो उसको दो छोड़।
प्रेयसि पत्नी ना बने, तो रिश्ता दो मोड़।

फुलवारी सा कवि हृदय, जिसमें खिलें प्रसून।
फूल खिलाकर दिलों में, कवि को मिले सुकून।

अच्छे होते हैं सभी, क़लमकार–फ़नकार।
हो जाते हैं तब बुरे, जब घुसता व्यापार।

अफ़सर, पत्नी और कवि, तीनों एक समान।
ये ख़ुश होते हैं तभी, जब करिए गुणगान।

कवि औ' महिला एक से, नाज़ुक और सुशील।
दूर रहें अपराध से, ये संवेदनशील।

संविधान की पत्नीयाँ, हिन्दी–आँगल दोय।
पति की प्रेयसि बोलियाँ, हिन्दी को दें धोय।

अति महत्व के शब्द हैं, जीवन में बेजोड़।
हाँ औ' ना दो शब्द ही, जीवन देते मोड़।

शब्दों में ताक़त बहुत, बोलें सोच–विचार।
शब्द उतारें दिलों में, दिल से देंय उतार।

नारी पद्य समान हैं, नर हैं गद्य समान।
रूखा–सूखा गद्य है, पद्य रसों की खान।

मीठा रस श्रृंगार है, पीकर मन हर्षाय।
तीखी मिर्ची व्यंग्य है, खाकर मुँह भभ्भाय।

अच्छा सबको है लगे, ऐसा ही सम्मान।
जिसमें धन के साथ हो, झोला भर सामान।

श्रेष्ठ कथन, ना व्यंजना, ना रस और प्रवाह।
कुछ कह लो कविता नहीं, कैसे निकले वाह।

आत्मा कवि से कह रही, लिखते हो आदर्श।
अमल लिखे पर करोगे, तब होगा उत्कर्ष।

रहें खड़ी लक्ष्मी सदा, चलने को तैयार।
सरस्वती बैठी रहें, करतीं कृपा अपार।

करें सुसाइड पुस्तकें, अब उनका क्या काम।
नोट सुसाइड में लिखें, मोबाइल का नाम।

शब्दों के होते नहीं, हाथ, पैर औ' दाँत।
मारकाट ऐसी मगर, देते कष्ट नितांत।

भोजन जैसे शब्द हैं, इनमें भी है स्वाद।
मत परसो तुम किसी को, जो तीख़े बेस्वाद।

शब्दों में भी ताप है, गर्म शब्द दें भून।
ठंडे होते शब्द जो, देते बहुत सुकून।

कविता मेरी प्रेमिका, चुपके से आ जाय।
सौत कहे पत्नी उसे, नाम सुने झल्लाय।

दाल में कंकड़

कंकड़ निकला दाल में, पति अतिशय नाराज़।
रख आँखें अंधी बनी, आती तुम्हें न लाज।
आती तुम्हें न लाज, काम सब उलटे करतीं।
ख़ूब बनाव श्रृंगार, काम पर ध्यान न धरतीं।
पत्नी बोली खीझ, बंद कर दो यह बड़बड़।
दाँत लिए बत्तीस, पीस पर सके न कंकड़।

कविता और चिकित्सा

कविता और इलाज की, पद्धतियाँ हैं तीन।
एलोपैथिक काव्य की, बजे मंच पर बीन।
बजे मंच पर बीन, कविन में आयुर्वेदिक।
पुस्तक में ही ठीक, अगर हों होम्योपैथिक।
रहे सूत्र का ध्यान, बात अनुभव की कहता।
श्रोता भाव विभोर, सुनाओ जमकर कविता।

कार्यालय-संस्कृति

मेरे साहब जी कभी, मुझे न डालें घास।
घास डालते गधों को, जो हैं उनके ख़ास।

दोनों एक समान हैं, अधिकारी–भगवान।
जब इनकी पूजा करो, तब करते कल्यान।

काम बनें उसके नहीं, जिससे नाख़ुश बास।
जैसे भी सम्भव बने, बनिये उसके ख़ास।

सर–सर–सर जिसको कहें, सर पर जाता बैठ।
बन जाये सरदर्द वह, और दिखाये ऍंठ।

वंशज हैं ये बालि के, सारे मक्खन बाज।
आधी ताक़त खींचते, जिसके सिर हो ताज।

कुंटल भर यदि सोर्स हो, सभी काम हो जायँ।
बिना सोर्स के आम जन, धक्के–मुक्के खायँ।

तेरह खाना रिंच हैं, सभी रिटायर लोग।
काम करेंगे सभी यदि, सही करें उपयोग।

काग़ज़ का क़ानून है, तुड़े–मुड़े क़ानून।
सबल जेब में रख करें, गला घोटकर ख़ून।

मंदिर में इस न्याय के, जज–वकील विद्वान।
लड़ने वाले मूर्ख हैं, हो जाते हलकान।

रिश्वत वाली रकम या, अधिवक्ता की फ़ीस।
वापस होती है नहीं, कोशिश करिए बीस।

अफ़सर–बिजली एक से, दोनों मारें शॉक।
अर्थिंग इनकी कीजिए, काम करें बेबाक।

जो नौकर सरकार के, दफ़्तर उनका बाप।
काम अगर करते नहीं, क्या कर लेंगे आप।

अफ़सर की रुकती क़लम, जहाँ ग़लत प्रस्ताव।
ज्यों मक्खी बैठे वहीं, दिखे जहाँ पर घाव।

अफ़सर को मानो सदा, एक मरकही गाय।
मार सींग की सहोगे, देगी दूध पिलाय।

दुल्हन सी सहमी डरी, होती है तनख़्वाह।
खर्च–टैक्स मिल पीटते, दुल्हन रही कराह।

अफ़सर–प्रेयसि एक से, कितने भी हों नेक।
कृपा मिलेगी तभी जब, नख़रे सहो अनेक।

करते हो यदि नौकरी, उसके लो गुर जान।
कुर्सी पर जो भी दिखे, उसको कहो महान।

मैं शासनकर्मी निडर, जब तक ख़ुश हैं बास।
जनता कुछ ना कर सके, मैं घोड़ा वह घास।

विधवा जैसे पेंशनर, शुभ कामों से दूर।
सधवा हैं जो कार्यरत, मज़ा करें भरपूर।

निबल हेतु क़ानून यम, सबल हेतु है मौन।
बिल्ली जैसे हैं सबल, घंटी बाँधे कौन।

न्यायालय में मिलेंगे, ऐसे न्याय–कपूत।
ज़िन्दा को मुर्दा बता, देंगे कई सुबूत।

चोर–सिपाही मित्र यदि, मिले न्याय से पीर।
नदी तभी तक है नदी, जब तक हैं दो तीर।

जाड़े में सूरज करे, नौकर जैसा काम।
प्रातः आये देर से, जाये जल्दी शाम।

वेतन होता तर्क सा, सीमित है औक़ात।
रिश्वत सदृश कुतर्क के, ना हो कभी समाप्त।

मनोविकार/भ्रष्टाचार

अनाचार के लिए हैं, सबल–सबल सब एक।
बोले तो देंगे तुम्हें, रोटी जैसा सेंक।

खाट खड़ी ईमान की, पैसे का सब खेल।
कुछ पागल अब भी बचे, उनकी कसो नकेल।

पद मिलने पर लिपटते, वे लगुए कहलायँ।
भगुए वे जाते कहे, पद जाते भगि जायँ।

धूल–धूर्त हैं एक से, पैरों तक ही ठीक।
अगर नाक में घुस गये, फिर आयेगी छींक।

जो मतलब के व्यक्ति हों, उनको दो सम्मान।
झाड़ू मारो शेष को, कूड़ा–करकट मान।

रिश्वत लक्ष्मी की सुता, तुरत पकड़ लो पैर।
हो जायेगा अन्यथा, लक्ष्मी जी से बैर।

अपनी ग़लती हो अगर, तो हम बनें वकील।
दूजे की हो जज बनें, फिर ना सुनें दलील।

मलिन करें परिवेश को, कुछ को हो यह रोग।
गंदी हवा निकालते, मुँह से भी कुछ लोग।

हो जाये ग़लती कभी, दुखी न हों बेकार।
दोष लगाना है किसे, इस पर करें विचार।

हम तनहा होते गये, जितना बोले सत्य।
उनकी महफ़िल जम गई, जिनकी सोच असत्य।

चप्पल जैसे लोग कुछ, करें साथ में सैर।
पीछे कीच उछालते, आगे पकड़ें पैर।

महँगे हैं सिक्के यहाँ, सस्ता है ईमान।
रिश्तों का मतलब यही, मतलब पर हो ध्यान।

लोगों में मुझको मिले, रचनात्मक डिफेक्ट।
कितना ही समझाइये, पड़ता नहीं इफ़ेक्ट।

खल स्वभाव के व्यक्ति की, सीधी सी पहचान।
दबा रहे भय–दंड से, भलों हेतु शैतान।

उनसे क्या बातें करें, उनकी क्या औक़ात।
वे भी क्या हैं आदमी, जिनकी बदले बात।

अवसरवादी, मतलबी, दरबारी, मक्कार।
फ़िट होते हैं हर जगह, कोई हो सरकार।

एका उनमें है बहुत, जो हैं रिश्वतख़ोर।
बुरे लगें अच्छे उन्हें, अच्छे लगते चोर।

जिनको होता है नहीं, सही दिशा का ज्ञान।
रवि उगता या डूबता, वे ना पायें जान।

बहुत लोग जिनकी चले, कोड़े सदृश ज़बान।
जिसके ये पीछे पड़ें, कर दें लहूलुहान।

छत को बहुत घमंड था, छत हो जैसे अर्श।
मंज़िल एक नई बनी, अब तो छत है फ़र्श।

मिलता हमें उधार भी, पाप एक प्रोडक्ट।
पड़े चुकाना ब्याज तक, पड़ें भोगने कष्ट।

बकवादी के सामने, सफल शस्त्र है मौन।
बकवादी से बहस में, जीत सका है कौन।

वज़न अगर हो जेब में, सब आयेंगे पास।
और सुनेंगे ग़ौर से, तेरी सब बकवास।

तनिक बात में रुष्ट हों, चिढ़ुआ–तुनकमिज़ाज।
अपना गुड़ गोबर करें, अपनों को नाराज़।

झक्की, सनकी, काइयाँ, चिढ़ुआ, तुनकमिज़ाज।
ये जायें ऐसे चिपक, जैसे कोढ़ व खाज।

ठोंकी जाती हैं वही, जो सीधी हों कील।
टेढ़ी कीलें फेंकते, वे देतीं कर छील।

मच्छर जैसे लोग कुछ, जिनका एक जुनून।
आए हैं वे जगत में, सिर्फ चूसने ख़ून।

खल औ' कीचड़ एक से, दोनों में है बास।
उसको पड़ता भोगना, जो रहता है पास।

बिन धागे की सुई सम, होते हैं कुछ लोग।
ना जुड़ना, ना जोड़ना, चुभने का है रोग।

खल सब जलधि समान हैं, जिसका खारा तोय।
शकर मिलाओ जलधि में, नीर न मीठा होय।

आलस सुंदर प्रेमिका, पिय को लेय लिटाय।
प्रेमी उठने को कहे, तो लगती गुर्राय।

होती घटिया व्यक्ति की, यही ख़ास पहचान।
वे उतना ही कष्ट दें, जितना दो सम्मान।

काम बनाना है कठिन, बिगाड़ना आसान।
इसीलिए तो दुष्ट जन, लगते हैं बलवान।

नीम, करेला व्यर्थ में, यूँ ही हैं बदनाम।
इनसे भी कड़वे अधिक, मानव मिलें तमाम।

अधिक झुके उससे सदा, रहना है हुशियार।
जितना झुकता है धनुष, उतनी तगड़ी मार।

बनिए नहीं पतंग सम, ये करती हैं पाप।
गले मिलें काटें गला, तनिक न पश्चाताप।

माचिस तीली–क्रोध हैं, दोनों एक समान।
पूर्व किसी की हानि के, करते निज नुकसान।

होता रोग घमंड का, जैसे नशा ख़राब।
स्वयं छोड़ सबको पता, कितनी चढ़ी शराब।

काँटा निकले पैर से, तो चलना आसान।
चैन मिलेगी, चित्त को, यदि निकले अभिमान।

गुब्बारे सा अहम है, पल में जाता फूल।
पता चले औक़ात तब, जब चुभता है शूल।

होते हैं कुछ लोग ज्यों, ज्वलनशील पेट्रोल।
धू–धू जलते तनिक में, तनिक नहीं कन्ट्रोल।

दीप बुझाये बुद्धि का, ऐसा होता क्रोध।
आता है तूफ़ान सा, हर लेता है बोध।

गाय घास खाकर हमें, करती दूध प्रदान।
वमन करें विष, दूध पी, खल हैं सर्प समान।

कचरे में रोटी पड़ी, करती यही बयान।
पेट भरे पर आदमी, बन जाता शैतान।

पैसे से आता अहम, ये स्वभाव है मूल।
पैसा भरते ही तुरत, बटुआ जाता फूल।

हरा टमाटर शुरू में, फिर क्रोधी सा लाल।
जब हो जाता लाल तब, खिंचती उसकी खाल।

आलस मेरा मित्र बन, पकड़े हाथ व पैर।
काम न करने दे मुझे, इसे कर्म से बैर।

चमचा–दीमक एक से, करें खोखला गात।
धीरे–धीरे चूसते, करते रहते घात।

हाथों में पत्थर नहीं, फिर भी करे प्रहार।
कड़वी जिह्वा विष भरी, छोड़े विष बौछार।

काम कराती प्रेरणा, आलस करे विरोध।
इन दोनों के द्वन्द्व से, जीवन में अवरोध।

आलस से आलस बढ़े, बढ़े राग से राग।
विद्या से विद्या बढ़े, बढ़े आग से आग।

हाथ–पैर हिलते नहीं, केवल चले ज़बान।
आलस की इस मूर्ति का, भला करें भगवान।

आलस ही सब गुणों को, कर देता है नष्ट।
बिना निरन्तर यत्न के, दूर न होते कष्ट।

दिल में उनके खोट है, जिह्वा पर है प्यार।
लोग बहुत से झूठ का, करते हैं व्यापार।

आसाँ होता है नहीं, जिह्वा पर कन्ट्रोल।
अन्दर यदि दुर्गन्ध हो, निकले ढक्कन खोल।

मार–काट करती रहे, जीभ एक हथियार।
बिना ख़ून–खच्चर किए, देती जख़्म हज़ार।

लेखा विभाग

लेखा का वह काम है, जो पत्नी का काम।
दिन भर सिर धुनते रहो, नहीं मिले आराम।
नहीं मिले आराम, सज़ा ऊपर से पाओ।
कहते हैं सब लोग, शीघ्र मुद्रा ले आओ।
पत्नी का जो त्याग, उसे किसने है देखा।
पति की सुनती डाँट, कहे फिर भी वह ले खा।

सुंदरता

सुंदरता को देखकर, रहिए उससे दूर।
रूप भोग में सुख नहीं, बात सही भरपूर।
बात सही भरपूर, तत्त्व उपलब्ध न होगा।
नहीं मिलेगी तुष्टि, अगर अपनत्व न होगा।
है यह मायाजाल, रूप सबको है छलता।
जब सुंदर हो दृष्टि, दिखे मन की सुंदरता।

राजनीति/देशभक्ति

बड़े–बड़े नेता सभी, होते जैसे पेड़।
जुड़ी रहें अंदर जड़ें, ऊपर से मुठभेड़।

राजनीति मुश्किल बहुत, कीचड़ की है रेस।
जो जितना धँसकर चले, बनता वही नरेश।

कुलटा औरत की तरह, है यह पाकिस्तान।
बैठे उसकी गोद में, जो करता भुगतान।

रहें फ़ायदे में सदा, अवसरवादी लोग।
गिरगिट सा रँग बदल कर, करते सुविधा भोग।

मातृभूमि है स्वर्ग सम, संतति हैं हम आप।
मजहब कोई हो भले, देशद्रोह है पाप।

काम ख़त्म आगे बढ़ो, मत देखो मुँह मोड़।
जिस सीढ़ी से चढ़े हो, वह सीढ़ी दो तोड़।

आलू सम नेता सभी, सबसे ही मिल जायँ।
अफ़सर घुइयाँ की तरह, मुश्किल से पच पायँ।

अच्छे मानव के लिए, हैं मानव अधिकार।
दुष्ट, राक्षसों के लिए, गोली, लट्ठ–प्रहार।

पानी सी हो एकता, हम सबमें भरपूर।
मारे लट्ठ न हों कभी, इक दूजे से दूर।

आप नमस्ते करें, मैं, तुम्हें करूँ आदाब।
ऐसे मिलकर हम रहें, देश बने नायाब।

मेरा भारत राम है, मैं उसका हनुमान।
देखो सीना चीरकर, अंदर हिन्दुस्तान।

नोटों पर यदि लिखी हो, एक्सपायरी डेट।
काला धन फिर ख़त्म हो, भरें निबल के पेट।

फौजी, खेतिहर एक से, मिट्‌टी पर दें जान।
मिट्‌टी को ये चूमते, मानें मातृ समान।

लपसी फेटें झूठ की, नेता बड़े महान।
मक्खी सी जनता फँसे, उन्हें करे मतदान।

होती रोटी की तरह, लोकतंत्र सरकार।
जनता पलटे इन्हें पर, जली मिलें हर बार।

नेता सब खेला करें, राजनीति इक खेल।
जन–धन की बाजी लगें, वोटों की हो सेल।

सोर्स

कुंटल भर यदि सोर्स हो, सभी काम हो जायँ।
बिना सोर्स के आम जन, धक्के–मुक्के खायँ।
धक्के–मुक्के खायँ, या कि कम्प्लेंट करेंगे।
कुत्ता घर का शेर, शेर का क्या कर लेंगे?
पौवे का न प्रयोग, हुआ अब पौवा निष्फल।
अगर कराना काम, लगा दो पूरा कुंटल।

व्यंग

काम हमारा पड़ गया, आप हमारे बाप।
काम नहीं यदि आपसे, कहें कौन हैं आप।

मयखाने में सच सुना, लिये हाथ में जाम।
झूठ अदालत में सुना, गीता कर में थाम।

दुष्ट ग्रहों को पूजिए, भले ग्रहों को छोड़।
दुष्ट अगर नाख़ुश हुआ, तो देगा सिर फोड़।

जो बोले हर बात में, और साथ अड़ जाय।
बात न माने किसी की, वह झक्की कहलाय।

झक्की से पाला पड़े, उसको दें टरकाय।
यदि उसके मुँह लगे तो, भेजा जाये खाय।

सबकी शक्लें एक हों, तो गड़बड़ हो जाय।
कोई भी घर में घुसे, सब कुछ ले हथियाय।

ईर्ष्या मेरी–आपकी, सदा करे यह माँग।
तुमसे जो आगे बढ़े, उसकी खींचो टाँग।

नाज़ुक होती मित्रता, पल में जाती टूट।
पक्की होती दुश्मनी, रहती सदा अटूट।

नेता, अधिवक्ता, लवर, अगर न बोलें झूठ।
जनता, वादी, प्रेमिका, तीनों जाते रूठ।

देख व्हाट्स–अप फेसबुक, मुझे हुआ यह ज्ञान।
ज्ञानी हैं सब जगत में, मैं ही हूँ नादान।

तुनक मिज़ाजी है बुरी, इसे छोड़िए आप।
कोई भी ख़ुश ना रहे, मित्र, पड़ोसी, बाप।

हीरो हिंदी फ़िल्म का, दुनिया में बलवान।
उससे सब हैं हारते, देव, दैत्य, भगवान।

कोमल जैसे लड़कियाँ, हड्डी रहित ज़बान।
पर तुड़वा दे हड्डियाँ, इतनी है बलवान।

सबसे ज़्यादा आजकल, परेशान हैं कान।
मास्क, लीड, ऐनक सभी, लादे हैं हैरान।

मुख्य अतिथि को चाहिए, आये देर सबेर।
बड़ा आदमी वही जो, बोले आँख तरेर।

धन्यवाद देते तुम्हें, हे! कोरोना देव।
दाढ़ी छिपती मास्क से, छः दिन करूँ न शेव।

पैसा जब है बोलता, सच हो जाता मौन।
पैसे में ताक़त बहुत, उससे डरे न कौन।

पैसा नाली में बहे, सब हैं रहे निकाल।
दूर गंदगी से रहें, वे ठन–ठन गोपाल।

कोरोना के काल में, चूहे सा इंसान।
राशन ला बिल में घुसे, बची रहे बस जान।

रिश्वत को हम मानते, है यह सुविधा शुल्क।
नहीं इसलिए बढ़ सका, तेज़ी से ये मुल्क।

पत्नी और व्यवसाय

पत्नी बनती प्रेमिका, शौक़ बने व्यवसाय।
फिर तो पूरी मौज है, रंच न हल्ला–हाय।
रंच न हल्ला–हाय, पुराने गाने गायें।
पूरा करके शौक़, साथ धन भर–भर लायें।
है समाज का दोष, या कि यह करनी–भरनी।
अनचाहा है काम, और अनचाही पत्नी।

पब्लिक और प्रेमिका

पब्लिक हो या प्रेमिका, दोनों एक समान।
रीझि जायँ किस पर, कहाँ, ये जानें भगवान।
ये जानें भगवान, देखते सब हैं नख़रे।
निकल जाय जब काम, न दिखते उनके चेहरे।
कभी बिठायें शीश, कभी देती हैं फ़्री किक।
रखना पूरा ध्यान, प्रेमिका हो या पब्लिक।

विविध

मोबाइल सुविधाजनक, कभी–कभी जंजाल।
बाथरूम में व्यस्त हों, आ जाती है काल।

मेरे घर आना अतिथि, लगभग हुआ समाप्त।
करके आते हैं सभी, मोबाइल पर बात।

मुझको आता है तरस, जब पढ़ता अख़बार।
जो है आज महत्व का, कल होगा बेकार।

अमल नही तो व्यर्थ है, कितना भी हो ज्ञान।
दवा मात्र के ज्ञान से, ना हो रोग निदान।

आतंकी की तरह ही, ठंडक को लो मान।
कितने ही पहनो वसन, घुसती सीना तान।

एक बार खट–खट करे, द्वार हमारा भाग्य।
खट–खट करता ही रहे, खुलने तक दुर्भाग्य।

बिल्ली भैंस न पालती, बंदर के ना बाग।
जीने का हक़ सभी को, कुत्ता हो या काग।

संस्था बिल्ली की तरह, नहीं पालती गाय।
दूध–दही खाना उसे, वह जाती है पाय।

ओढ़ी गई विनम्रता, रटा रटाया ज्ञान।
सेपरेटा का दूध ज्यों, बिना ख़ुशी मुस्कान।

चिंगारी अपशब्द हैं, जायँ दौड़ कर भाग।
कानों के रस्ते घुसें, फूँकें दिल में आग।

कहे ग़लत जो आपको, तुम्हें न पाया जान।
श्वान भौंकता उसी पर, जो होता अनजान।

बिल्डर का धंधा भला, पहले लेता कैश।
फ़्लैट न देता समय से, स्वयं करे वह ऐश।

क़द्र नहीं कुछ जान की, बहुत फालतू सांस।
ज़िन्दा मुर्गा, साठ का, अस्सी का है मांस।

भाई तर्क–कुतर्क हैं, पर इनमें ये फ़र्क।
सीमा होती तर्क की, सीमा रहित कुतर्क।

जिनके मन सेवा बसी, वे होते हैं धन्य।
स्वारथ अपना त्यागते, ऐसे मिलें नगण्य।

साहस जिसके है नहीं, क्या कर सकती शक्ति।
नहीं अडिग जो बात पर, दो कौड़ी का व्यक्ति।

अंधकार में हो सके, हीरे की पहचान।
दिन में चमके काँच भी, दोनों लगें समान।

फल जवान होते सभी, बूढ़े ड्राई फ्रूट।
ड्राई फ्रूट महँगे उन्हें, करते फ्रूट सैल्यूट।

जैसे हो वैसे रहो, इसमें मिले सूकून।
असली की क़ीमत अधिक, नकली की हो न्यून।

सागर पूछे नदी से, कब तक अपना मेल।
जब तक तू मीठा न हो, यही चलेगा खेल।

आलू ने है कर दिया, सब रिश्तों को ध्वंस।
हर सब्जी को ब्याह ले, देखे गोत्र न वंश।

नेता, अफ़सर, वणिकजन, सबके बीच दलाल।
हर्र–फिटकरी के बिना, रँग हो चोखा लाल।।

ईश-भक्त

ईश्वर को जो मानते, करते नहीं अनीति।
घर, दफ्तर, व्यापार में, चलें सही ही नीति।
चलें सही ही नीति, न आपाधापी करते।
करते हरदम न्याय, नहीं दुष्टों से डरते।
कर्मों में विश्वास, मानते प्रभु के स्वर को।
चित्त–वृत्ति रख शुद्ध, झुकाते सिर ईश्वर को।

भला आदमी क्या कर लेगा?

चाहे जितना उसे सताओ, भला आदमी क्या कर लेगा।
चाहे जितना मूर्ख बनाओ, भला आदमी क्या कर लेगा।
बात बताता हूँ मैं पक्की, मज़बूती से गाँठ बाँध लो,
उससे सारे काम कराओ, भला आदमी क्या कर लेगा।
कलियुग का है समय चल रहा, नीति–धर्म की बातें छोड़ो,
वादा करके नहीं निभाओ, भला आदमी क्या कर लेगा।
कहे काम तो बना बहाने, पिछली सारी बातें भूलो,
फिर उसकी ग़लती बतलाओ, भला आदमी क्या कर लेगा।
भला मिले अफ़सर यदि तुमको, तो पौ बारह अपने समझो,
जब चाहो तब दफ़्तर जाओ, भला आदमी क्या कर लेगा।
ले लो कर्ज़ मिले यदि उससे, लौटाने की बात न सोचो,
खा–पी करके मौज मनाओ, भला आदमी क्या कर लेगा।
दुष्टों से तुम कभी न भिड़ना, वरना वे टाँगे तोड़ेंगे,
भले मानुषों को दहलाओ, भला आदमी क्या कर लेगा।
चाहे जितना उसे सताओ, भला आदमी क्या कर लेगा।
चाहे जितना मूर्ख बनाओ, भला आदमी क्या कर लेगा।